CATHÉDRALES FRANÇAISES

DESSINÉES D'APRÈS NATURE & LITHOGRAPHIÉES

PAR

Chapuy

ex-officier du génie, ancien élève de l'école polytechnique

AVEC UN TEXTE HISTORIQUE

ET DESCRIPTIF.

2ᵉ LIVRAISON

publié par ENGELMANN ET Cᵉ Imprimeurs Lithographes
Dijon.
Rue du Faubourg Montmartre N° 6 à PARIS.

VUES PITTORESQUES

DE LA
CATHÉDRALE DE DIJON,

ET DÉTAILS REMARQUABLES DE CE MONUMENT;

DESSINÉS ET LITHOGRAPHIÉS

PAR CHAPUY,

EX-OFFICIER DU GÉNIE MARITIME, ANCIEN ÉLÈVE DE L'ÉCOLE POLYTECHNIQUE;

AVEC UN TEXTE HISTORIQUE ET DESCRIPTIF

PAR F.-T. DE JOLIMONT,

EX-INGÉNIEUR, AUTEUR DE PLUSIEURS OUVRAGES SUR LES ANTIQUITÉS ET LES MŒURS DU MOYEN AGE, MEMBRE DE L'ACADÉMIE DES SCIENCES BELLES-LETTRES ET ARTS DE CAEN, DE LA SOCIÉTÉ DES ANTIQUAIRES DE NORMANDIE, DE CELLE D'ÉMULATION DE ROUEN ET AUTRES SOCIÉTÉS SAVANTES.

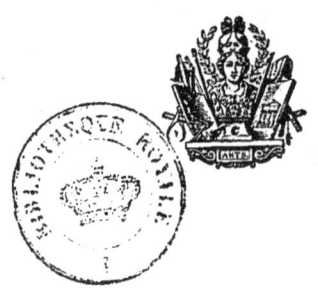

PARIS,

CHEZ ENGELMANN ET Cⁱᵉ, LITHOGRAPHES DE LA CHAMBRE ET DU CABINET DU ROI, ÉDITEURS,
RUE DU FAUBOURG MONTMARTRE, N° 6.

IMPRIMERIE DE GOETSCHY, RUE LOUIS-LE-GRAND, N° 27.

1829.

ÉGLISE CATHÉDRALE

DE DIJON.

L'établissement d'un siége épiscopal à Dijon ne remonte pas au-delà de l'année 1731. Il fut érigé par une bulle du pape Clément XII, malgré les vives réclamations et les oppositions de certaines parties mécontentes, notamment des religieux de Saint-Bénigne, dont les intérêts et les prérogatives étaient lézés. L'église Saint-Étienne, la plus ancienne de la ville, après avoir été successivement chapelle dans le 4e siècle, église abbatiale dans le 12e, puis collégiale en 1613, fut choisie à cette époque pour église cathédrale, non à cause de sa grandeur ou de sa beauté, car plusieurs fois rebâtie et d'une construction tout-à-fait moderne, cette église n'offrait rien de remarquable; et sans doute, auprès de tant d'autres édifices beaucoup plus magnifiques en assez grand nombre dans la ville, celui-ci avait plutôt l'air d'un modeste oratoire que d'une cathédrale, mais probablement parce qu'alors ce monument était le seul dont on pût disposer sans inconvénient et sans exciter de clameurs.

L'église Saint-Étienne resta donc en possession du titre d'église épiscopale jusqu'à ces temps de désastreuse mémoire où l'exercice public de la religion fut suspendu dans toute la France, et où l'on confondit momentanément, dans la même proscription, les églises abbatiales, les cathédrales, les paroisses et les simples chapelles, et, par une de ces singularités dont l'histoire offre d'assez fréquens exemples, lorsqu'un temps plus calme et plus sage eut succédé aux orages révolutionnaires et rendu aux Français le culte de leurs pères, l'église Saint-Étienne, déchue de sa splendeur, est aujourd'hui métamorphosée en halle aux grains! et l'église de l'abbaye Saint-Bénigne, dont les moines puissans n'avaient supporté naguères qu'avec jalousie le voisinage d'un évêché, supprimée sans retour comme abbaye, est devenue la cathédrale de Dijon, et l'autorité épiscopale s'est enfin affermie sur les ruines de l'ambitieux monastère.

L'église et l'abbaye Saint-Bénigne furent fondées en 535 par saint Grégoire évêque de Langres, et le roi Gontran enrichit cette pieuse fondation de plusieurs terres de son domaine. A la fin du 11e siècle le saint abbé Guillaume entreprit de construire une nouvelle église, qui fut terminée à peu près en quinze ans et consacrée par le pape Pascal II seulement en 1106. Au rapport des historiens, rien n'égalait la magnificence de ce monument, où l'on comptait, dit l'un d'eux, *trois cent soixante-et-onze colonnes, cent vingt fenêtres, huit tours, trois grandes portes, etc.* Mais en 1271, environ après deux cent cinquante-six ans d'existence, la chute d'une des tours principales écrasa ce superbe édifice, qui fut remplacé par l'église actuelle, beaucoup moins vaste et moins somptueuse selon toute apparence; elle est due au zèle et aux soins de l'abbé Hugues d'Arc sur Tille, qui l'acheva en 1288.

L'abbaye Saint-Bénigne, regardée comme un chef d'ordre dont dépendaient d'autres abbayes et beaucoup de prieurés, avait acquis pendant près de douze cents ans une grande célébrité tant à raison de ses richesses, de ses priviléges, de la régularité de sa discipline, que par la quantité de personnages d'un mérite éminent que l'on compte parmi ses religieux (1). Elle fut gouvernée pendant cette longue série de siè-

---

(1) Parmi ceux qui se distinguèrent dans les sciences et la littérature, nous devons citer l'abbé Guillaume, célèbre réformateur de ce monastère au 11e siècle, homme fort érudit, et dont la bienfaisance et les vertus méritèrent la canonisation. — Odo-Louis Mathion, savant mathématicien, inventeur d'un nouveau mécanisme de montre et du compas graduateur. — Claude David, commentateur des livres attribués à S. Denis l'Aréopagiste. — Claude Guesnié, collaborateur du glossaire de Ducange, et co-éditeur de la belle édition de S. Augustin. — Hugues Mathou, éditeur des œuvres de Robert Pullus, et auteur de l'histoire ecclésiastique de l'évêché de Sens. — Urbain Plancher, auteur de l'histoire générale du duché de bourgogne, ouvrage fort important et fort estimé, enrichi de gravures curieuses, de pièces justificatives très-précieuses et dissertations fort savantes. — Edmond Martene dont les travaux littéraires sur l'histoire et autres matières forment 14 volumes in-folio. — Charles Clémenset, auteur de l'histoire de Port-Royal, collaborateur de l'histoire littéraire de France, de l'Art de vérifier les dates, etc. — François Clément, qui se livra à une étude approfondie de l'histoire, composa le 12e vol. de l'histoire littéraire de France, les 12e et 13e volumes du recueil des historiens de France, et publia la 3e édition de l'Art de vérifier les dates, 3 vol. in-folio, qu'il mit treize ans à composer, se levant au milieu des nuits pour perfectionner ce monument, le plus précieux qu'on ait pu consacrer à l'histoire.

cles par quatre-vingt-quinze abbés, dont un grand nombre furent promus à l'épiscopat et plusieurs décorés de la pourpre romaine (1). Aujourd'hui le palais abbatial est devenu la résidence des respectables prélats, chargés successivement de la conduite spirituelle des diocésains dijonnais, et de jeunes lévites, l'espoir du sacerdoce, occupent les nombreuses cellules des illustres cénobites, qui, dans la solitude du cloître, savaient allier à la pratique des devoirs religieux qu'ils s'étaient imposés, l'étude constante des sciences et des lettres. Mais l'antique basilique, ce temple qui, comme monument d'architecture, avait acquis aussi une sorte de célébrité, et résistait depuis plus de cinq siècles à la puissance destructive du temps et des révolutions, bientôt prêt à s'écrouler de lui-même, a failli ne point compter au nombre de ceux dont nous enregistrons l'histoire, si d'utiles et importans travaux habilement dirigés par l'architecte chargé récemment de la restauration n'eussent prévenu à temps ce funeste événement (2), et n'eussent heu-

---

(1) Tels que ODET DE COLIGNY, cardinal de Châtillon; CHARLES-MAURICE LE TELLIER, archevêque de Reims; FRÉDÉRIC FRÉGOSE, évêque d'Eugube et cardinal; HALINAND, archevêque de Lyon; le cardinal GYVRI, évêque de Metz, etc.

(2) En 1740 les murs latéraux au nord éprouvèrent un tassement considérable, causé, selon toutes les apparences, par la mauvaise construction des fondations, qui, de ce côté, ne sont établies qu'à cinq mètres cinquante-six centimètres de profondeur, sur un sol de différentes natures et de terres rapportées. On crut, à cette époque, arrêter le foulement et rétablir la solidité en renforçant les piliers-butants ou contre-forts depuis leur fondation jusqu'à la moitié de leur hauteur; mais cette surépaisseur agrava le mal en ajoutant un nouveau poids sur un fond peu solide, et en entraînant les arcs-boutants, il en résulta un déchirement dans le bas côté et la partie supérieure du mur, ce qui insensiblement eût amené l'écroulement des voûtes.

Dans les années 1820, 1821 et 1823, M. Saint père, architecte du département, fit fouiller et enlever les terres entre les piliers jusqu'au bon sol, et y établit un massif de pierre de taille servant d'appui à des arcs de maçonnerie renversés, dont les extrémités butaient la base des piliers. Ces travaux, plus ingénieux qu'utiles, ne produisirent aucun bon effet; mais en 1825, sur l'avis du conseil des bâtimens civils, M. MAQUET, architecte des travaux publics, fit un rapport et présenta un projet de restauration, dont l'exécution hardie, confiée à ses soins, a eu le plus heureux résultat et fait honneur à ses talens.

M. MAQUET, élève de l'école royale et spéciale d'architecture, s'y fit remarquer pendant huit années par des succès de diverses natures, y reçut une récompense particulière de M. le Préfet de la Seine, et fut bientôt successivement chargé de plusieurs travaux importans, soit pour le gouvernement, soit pour les particuliers: tels que *l'hôtel de la préfecture* de la ville de Puy, *le palais de justice* de Privas (Ardèche), *l'évêché et le séminaire* de Viviers (id.), la restauration de la cathédrale

reusement conservé un édifice que nous ne rangeons point au nombre des plus importans de la France, mais dont les arts et l'histoire auraient eu à regretter la perte.

Le 24 février 1626, à sept heures du soir, un éclair sans tonnerre, dit l'historien Courtepée, uo plutôt un météore igné s'attacha à la pointe de l'aiguille ou flèche, et y causa un incendie qui la réduisit en cendres et fondit les cloches.

En 1659, cette église fut encore frappée de la foudre, mais sans qu'il en résultât des dégats aussi fâcheux.

Une des tours servit en janvier 1775 aux commissaires de l'académie pour répéter les expériences du père Berthier, oratorien, savant distingué, afin de connaître les causes qui peuvent faire varier accidentellement les effets apparens de la pesanteur des corps à des hauteurs inégales.

On trouvera des renseignemens plus étendus sur l'histoire de cette basilique et de l'ancienne abbaye Saint-Bénigne, dans le grand nombre d'ouvrages publiés sur la Bourgogne, et particulièrement dans celui de dom Plancher, et dans les deux anciennes chroniques de saint Bénigne, l'une écrite au onzième siècle et l'autre composée par l'abbé Flavigni dans le courant du seizième, toutes deux imprimées par les soins de dom Luc d'Acherie.

---

de Luçon (Vendée), celle de Bourges, etc. et à Paris, une jolie maison rue Neuve-Ménilmontant, n° 12, qui se fait remarquer par la pureté du style et l'élégance qui rappellent les jolies constructions italiennes dont M. MAQUET a fait une étude particulière.

Sa modestie ne récusera pas, nous l'espérons, ce faible témoignage de notre estime particulière que nous avons cru devoir, en décrivant des cathédrales, à celui qui s'occupe si heureusement de leur restauration.

EXTÉRIEUR.

L'église Saint-Bénigne, d'une structure lourde, dépourvue d'ornemens, et de dimensions médiocres, mériterait moins peut-être l'attention de ceux qui s'occupent de l'étude des monumens religieux du moyen âge, si elle n'était du petit nombre de celles qui offrent un ensemble d'architecture homogène et un exemple complet et caractéristique d'une époque de l'art. Bâtie en peu d'années, et sous la direction du même architecte, cette église ne présente point ces mélanges de style, quelquefois pittoresques, mais qui, le plus souvent déparent nos plus belles cathédrales. A l'exception de la porte principale sous le porche, que l'on doit regarder comme un léger fragment de l'église précédente, tout le reste est de ce que nous appelons la seconde époque de transition, c'est-à-dire de celle où les formes ogives sont définitivement et exclusivement substituées au plein cintre, mais, où malgré quelques autres innovations timidement essayées, on retrouve encore, comme nous l'avons déjà observé dans quelques-unes de nos descriptions précédentes, cette solidité massive et cette disposition monotone de lignes plus sévère qu'élégante, plus timide qu'ingénieuse, qui distingue l'état de l'art dans les siècles antérieurs.

Le grand portail, dont l'aspect ne manque pas de noblesse et de gravité, est composé du pignon occidental de la nef, auquel sont réunies parallèlement deux tours régulières dans leur forme (1) et leur hauteur, dont la partie supérieure octogone percée sur chaque face, est surmontée d'une balustrale et d'un petit toit en forme de cône, et flanquée chacune d'un petit tourrillon ou campanille, accessoire d'un effet assez heureux. Ce portail n'a d'autres ornemens que deux petites galeries : l'une fort élégante, couronne le porche, qui remplit en saillie l'intervalle inférieur

---

(1) L'abbaye S. Bénigne, étant de fondation royale, avait droit d'avoir deux tours de hauteur égale à son église. Voyez ce que nous avons déjà dit, relativement à ce sujet, dans notre description de la cathédrale d'Amiens et ailleurs.

des tours, et l'autre termine la partie supérieure de ce même intervalle à la naissance du triangle du pignon. Celle-ci probablement contenait ou avait été destinée à recevoir, comme on le voit dans presque toutes les autres églises du même temps, une suite de statues des rois de France. On doit observer comme chose fort rare, dans les grandes églises et les basiliques du moyen âge, que cette façade n'offre pas selon la coutume les trois portes d'entrée qui, suivant l'usage primitif de l'église, avaient une destination particulière (l'une, celle du milieu, pour le clergé et les entrées solennelles des princes, la seconde pour les hommes et la troisième pour les femmes; car alors les sexes n'étaient point en commun dans les églises, ce qui se pratique encore dans quelques endroits, et même dans des temples de religions différentes). Ici il n'y a qu'une entrée, et deux formes de fenêtres, aujourd'hui murées, remplacent les deux autres.

Cette porte unique au fond du porche est voûtée à plein cintre, et, comme nous venons de le dire, est de la fin du 11e, et non du 10e siècle, comme l'affirme, par erreur, l'historien Courtepée et ceux qui l'ont copié (1). Elle était ornée, dans le tympan et les parois, de bas-reliefs et de statues fort curieuses, qui ont cédé au marteau des destructeurs de 93 (2). Les sculptures du tympan ont été depuis rem-

---

(1) Cette porte ne peut être qu'un reste de l'église bâtie par l'abbé Guillaume en 1091 et terminée en 1106, et par conséquent est de la fin du 11e siècle et non du 10e; il serait même possible que les figures qui le décoraient fussent plus modernes encore; car on ne connaît pas, à ce que nous croyons, d'exemple de statues à l'extérieur des églises avant le 12e siècle.

(2) Le bas-relief du tympan représentait, en plusieurs sujets, la naissance de Jésus, l'adoration des mages, le Père éternel dans sa gloire environné d'anges, etc. et les huit statues des parois latérales représentaient, S. Pierre, S. Paul, Moyse, S. Grégoire, fondateur, donnant la règle de S. Macaire à ses religieux, Goutran et Robert-le-Pieux, deux rois bienfaiteurs du monastère, et deux reines, dont l'une en manteau royal, les cheveux natés, était représentée avec une pate d'oie en place d'un pied humain. Cette singularité, qui existait aussi aux églises de S. Pourçaint en Bourbonnais, de l'abbaye de Nesle en Champagne, de S. Pierre à Nevers, de S. Germain-des-Prés à Paris, et peut-être ailleurs, a fait naître parmi les savans, Montfaucon, dom Plancher, Misson, Bullet, Mabillon, l'abbé le Bœuf, et autres, une foule de dissertations dont les raisonnemens, moins concluans que facétieux, sont loin d'expliquer cathégoriquement la pensée du statuaire. Nous renvoyons là-dessus aux ouvrages de ces savans auteurs, et particulièrement à celui de dom Plancher (*Histoire générale du duché de Bourgogne*), qui, à ce que nous croyons, est le seul qui nous ait conservé un dessin gravé de ce portail et des figures.

placées par un beau bas-relief représentant le martyre de saint Étienne, exécuté par le célèbre Bouchardon pour le portail de l'église Saint-Étienne (l'ancienne cathédrale, voyez ci-dessus pag. 1re), et que l'on a jugé à propos d'ajuster ici tant bien que mal dans un cadre incohérent, où ce morceau, malgré son mérite, est un ornement moins agréable qu'un anachronisme que réprouve le bon goût. Une rue nouvellement percée aboutit à ce portail, qui était auparavant enfermé dans la clôture de l'abbaye, et dont l'aspect général est encore obstrué par quelques vieilles masures, anciennes dépendances du monastère.

Les autres façades de l'église Saint-Bénigne, ainsi que le chevet, presqu'entièrement dégagés de constructions étrangères, sont à découvert, et environnés, du côté du midi, par une place assez vaste, et des autres côtés, par les cours de l'évêché et l'ancien cloître, aujourd'hui le séminaire. Tout cet extérieur de l'édifice n'a rien de remarquable que la simplicité et l'uniformité de la structure. Nous citerons seulement la flèche ou aiguille qui s'élève au-dessus des combles du milieu du transept, d'une exécution assez hardie sans doute, mais qui, sous le rapport de l'élégance et même de l'élévation, est loin de mériter les éloges exagérés qu'en ont fait naïvement les historiens du pays, et qui, sans doute, n'avaient pas vu ni entendu parler de celles de Rouen, de Cambrai (1), d'Amiens et d'autres beaucoup plus admi-

---

(1) Voici comme s'exprime, à ce sujet, l'auteur d'un petit ouvrage intitulé : *Guide du voyageur à Dijon*, publié en 1822, M. Noellat, dont nous apprécions sans doute le zèle et les connaissances, mais qui a poussé ici trop loin l'enthousiasme pour son pays ou a transcrit les phrases suivantes de quelque vieille chronique.

« La flèche, dit-il, qui s'élance du comble de l'édifice est un des ouvrages *les plus hardis qu'ait* » *jamais tenté l'industrie de l'homme.* Sur un diamètre très-resserré elle porte le coq qui la termine » *à trois cents pieds de hauteur, élévation prodigieuse,* etc. *Cette flèche passe pour être la plus belle de* » *l'Europe; celle de Cambrai a pu seule lui être comparée... On pourrait appliquer à la flèche de Dijon* » *ce que Michel-Ange disait de la coupole de Florence:* QU'IL SERAIT DIFFICILE DE L'ÉGALER ET IMPOS- » SIBLE DE LA SURPASSER, etc.

Cet éloge hyperbolique a malheureusement été répété avec la même bonhomie dans *le Guide du voyageur en France*, par Richard, ouvrage très-répandu ; et comme un mensonge s'augmente toujours en passant par plus de bouches, M. Richard ajoute encore soixante-quinze pieds de plus à la hauteur de la flèche, déjà augmentée par M. Noellat. Et voilà comme on écrit l'histoire! Avant tout il faudrait être exact, et ne pas décrire sans expérience. La flèche de la cathédrale de Rouen, dérables et beaucoup plus curieuses. Celle-ci a deux cent quatre-vingt-quinze pieds de hauteur du sol à l'extrémité de la pointe, et seulement deux cent dix pieds au-dessus de la voûte, et n'a pour base qu'une charpente à jour sans ornements et d'un effet assez médiocre.

Mais un objet beaucoup plus digne d'attention, et qui a particulièrement contribué à la célébrité de l'église Saint-Bénigne, est ce monument antique désigné sous le nom de *la Rotonde*, qui était contigu au chevet de l'église actuelle, et qui n'existe plus depuis près de trente ans seulement, c'est-à-dire depuis l'époque barbare de 1793. Ce monument, objet de la plus haute curiosité, aujourd'hui presque entièrement effacé de la mémoire même des habitans de Dijon, et dont on ne retrouve plus de traces que dans quelques dessins incorrects des ouvrages de Dom Plancher et de Lallemant, était peut-être le seul vestige en France (de cette forme et de cette importance), d'un monument aussi extraordinaire, élevé, selon toute apparence, sur le tombeau et à la mémoire de saint Bénigne, et qui portait le caractère de différens siècles reculés, dont l'architecture, religieuse surtout, nous est peu connue : perte irréparable pour la science de l'art, et que nous déplorons vainement avec tant d'autres, suites inévitables des troubles politiques, et plus encore peut-être de cette manie de détruire excitée dans le dernier siècle par le peu d'importance, nous dirons même le mépris, qu'on attachait en général aux vieux monumens.

---

truite par le tonnerre le 15 septembre 1822, avait trois cent quatre-vingt-seize pieds d'élévation, et joignait l'élégance et la richesse des détails à la construction la plus ingénieuse; celle d'Amiens, d'une délicatesse et d'une légèreté admirables, a quatre cent deux pieds de hauteur, etc.

INTÉRIEUR.

Ce que nous avons dit de l'extérieur de l'église Saint-Bénigne convient aussi à l'intérieur : même caractère, même uniformité de style, qui, pris en masse, n'est sans doute pas indifférent pour l'antiquaire observateur, qui trouve toujours à étudier, mais qui, en détail, n'offre aux curieux ordinaires rien de particulièrement remarquable. Le plan est régulier, et présente dans son ensemble la disposition des églises des 10e et 11e siècles, c'est-à-dire que la croisée ou transept n'est sensible qu'à l'intérieur, et n'excède pas en dehors le mur des bas côtés. Le chœur n'est point environné par les bas côtés et par des chapelles extérieures; mais l'extrémité de l'église est terminée par trois absides demi-circulaires très rapprochés du transept, ce qui fait qu'ici, comme dans un grand nombre d'églises de cette époque, le chœur, qui aurait trop peu d'étendue, se prolonge jusqu'à la nef sans intervalle, et occupe la partie centrale du transept. Il est rare de trouver aussi intact le plan primitif de la plupart de nos églises qui ont subi plus ou moins de modifications, suivant le goût et les progrès de l'art dans les siècles subséquens (1). Le chœur a cent un pieds de longueur y compris le sanctuaire entouré d'une grille, placé à la romaine à l'entrée du chœur, (les stales du clergé et la chaire épiscopale occupent le fond). Le maître-autel, isolé au centre du sanctuaire et du transept, est en marbre de Saint-Romain, d'une forme élégante, et décoré d'un bas-relief en bronze doré, représentant les douze apôtres au tombeau de Marie (2). Aux quatre coins du sanctuaire s'élèvent, adossées au gros piliers du transept, les statues colossales, en pierre blanche, de saint Médard, saint Etienne, saint André et saint Jean l'évangéliste. La nef, soutenue

---

(1) Il est probable que dans ce que nous appelons la première et la seconde époque de transition, on n'avait point encore pensé à changer la nature du plan, adopté jusqu'alors pour les temples chrétiens, et que souvent la nouvelle église était réédifiée sur les mêmes fondemens que l'ancienne.

(2) Ce bas-relief se voyait auparavant à la Sainte-Chapelle de Dijon.

sur huit piliers isolés qui correspondent à autant de masifs engagés dans les murs des bas côtés, a de longueur cent trois pieds, y compris la partie réservée entre les deux tours, et qui forme une espèce de second porche intérieur. La longueur totale dans l'intérieur de l'édifice est de deux cent quatre pieds, non compris le porche extérieur; la largeur des trois nefs réunies, de quatre-vingt-sept pieds, et quatre-vingt-trois pieds d'élévation sous voûte.

Plusieurs monumens de sculpture et quelques mausolées, la plupart enlevés des églises supprimées à Dijon et dont les événemens révolutionnaires, ont enrichi cette basilique, méritent d'être notés: tels sont les bustes des douze apôtres, sculptés en pierre blanche par Dubois, habile artiste dijonnais, placés à chaque pilier de la nef (ils proviennent de l'ancienne église Saint-Etienne); les statues de saint Joseph et de saint Augustin en pierre, par Bouchardon (de l'ancien couvent des Ursulines); celles de saint Jean-Baptiste et de saint Thomas, par Dubois (de l'ancien couvent des Jacobins); le cénotaphe en marbre, orné de figures, du président Jean de Berbizey, exécuté par Martin sur les dessins de Masson (de l'église des Carmes); la tombe d'Etienne Tabourot des Accords, le Rabelais de la Bourgogne; le tombeau d'Elizabeth de la Mare, sculpté par Dubois (avant dans l'église des Cordeliers); le tombeau en marbre blanc du président Claude Frémyot, sur lequel il est à genoux (jadis dans l'église Notre-Dame); l'épitaphe des frères Rigoley, tous deux successivement premiers présidens de la chambre des Comptes, inscrite dans un cartouche en marbre, orné d'une figure allégorique, par Goy (de l'ancienne église de la Visitation); le mausolée de Marguerite de Vallon, par Dubois (de l'église des Minimes); la tombe curieuse, mais aujourd'hui presqu'entièrement effacée, d'Uladislas, roi de Pologne et bénédictin de Saint-Bénigne, représenté avec l'habit de son ordre dans un entourage gothique (1) au milieu de la nef. Les

---

(1) Cette tombe est gravée et publiée dans l'ouvrage intitulé: *Monumens français inédits pour servir à l'histoire du moyen-âge*, entrepris et continué avec tant de zèle par M. Willemin, et que nous avons déjà eu souvent occasion de citer.

On peut lire l'histoire de ce roi, qui quitta le froc pour monter sur le trône auquel il renonça bientôt, dans l'ouvrage intitulé: *Essais historiques sur Dijon*, par Xav. Giraut, publiés en 1814, et en d'autres ouvrages relatifs à l'histoire de Bourgogne.

mausolées de J. B. Legoux de la Berchère et de Marguerite Brulard sa femme; enfin une statue de la Vierge, quelques colonnes en marbre, surmontées d'urnes et d'anges, des autels en marbre, et quelques autres fragmens disséminés dans l'intérieur de cette église.

C'était dans l'église Saint-Bénigne que les anciens ducs venaient prendre possession de la Bourgogne, et juraient au pied des autels la conservation des priviléges de la province, de la ville et de l'abbaye, en recevant l'anneau ducal des mains de l'abbé; après quoi les députés des villes prêtaient serment de fidélité, et le maire de Dijon, passant une écharpe blanche à la bride du cheval, conduisait le duc au milieu d'un brillant cortége, à la Sainte-Chapelle (autre église célèbre de la ville qui ne subsiste plus) pour y jurer aussi la conservation des priviléges qui y étaient attachés.

Un petit nombre de prélats (à raison de son peu d'ancienneté) ont occupé le siége de Dijon ; parmi eux brillent au premier rang, Marc-Antoine d'Apchon, troisième évêque de Dijon, qui embrassa l'état ecclésiastique après avoir passé sa jeunesse dans la carrière militaire. Sa vie épiscopale fut un modèle de générosité, de dévouement et de vertus chrétiennes ; il mérita d'être appelé le père des affligés et des indigens, et plusieurs traits de sa vie du plus haut intérêt, et que nous regrettons de ne pouvoir transcrire ici (1), lui méritent et confirment ce beau titre. Nous devons y joindre M. J.-F. Martin de Boisville, né en Normandie, ancien grand-vicaire de Rouen, évêque de Dijon en 1822, et que la mort a enlevé trop tôt, et tout récemment, à l'amour de ses ouailles et de son clergé, recommandable par son érudition, son extrême affabilité et son zèle ardent et éclairé. Qu'il nous soit permis de jeter ici quelques fleurs sur la tombe vénérable d'un ancien compatriote, qui daigna nous honorer de sa bienveillante estime.

---

(1) Voir son éloge, lu par M. Valfius à la séance publique de l'académie des sciences, arts et belles lettres de Dijon, le 30 mars 1816, le dictionnaire historique de Chaudon, et la biographie universelle de Noel.

ÉGLISE DE NOTRE-DAME.

Avant qu'une cathédrale ait été érigée à Dijon, l'église de Notre-Dame fut long-temps regardée comme la principale paroisse et la principale église de la ville. A ce titre, et plus encore à cause du mérite de son architecture, qui, comme celle de Saint-Bénigne, offre un modèle, assez complet et fort rare aujourd'hui, de l'architecture religieuse du 13e siècle, mais beaucoup plus parfait et beaucoup plus remarquable par son intégrité et son caractère particulier, les éditeurs de cet ouvrage ont jugé à propos d'en joindre ici la description à celle de la cathédrale. L'origine et la première construction de cette église ne sont pas bien connues; mais il est certain qu'elle existait avec le titre de paroisse dans le 12e siècle, et que l'église actuelle fut rebâtie dans l'intervalle de l'année 1252 à 1334, époque de sa consécration et de sa dédicace sous le vocable de *Notre-Dame de bon Espoir*, qui fut faite en grande pompe par Hugues, évêque de Tabaries (Palestine).

L'extérieur, qui joint à la régularité d'ensemble la plus heureuse distribution, mais dont le coup-d'œil général est en partie intercepté par des maisons particulières et des baraques adossées aux murs, s'aperçoit sous plusieurs aspects qui peuvent faire juger du style, et sont fort pittoresques. La partie la plus remarquable est le portail principal, unique dans son genre, et justement vanté par les antiquaires et les curieux. Sa forme est celle d'un parallélogramme rectangle, de quatre-vingt-huit pieds d'élévation, soixante de largeur et environ dix-neuf de profondeur; divisé en trois étages, dont le premier est occupé par trois grandes arcades entièrement ouvertes, formant l'entrée d'un vaste péristyle ou porche, dont les voûtes sont soutenues par deux rangs de piliers, et qui précède les trois portes de l'église, dont les voussures, le tympan et les parois latérales étaient jadis richement ornés de statues et de sculptures, détruites en 1793. Les deux autres étages sont deux galeries ou colonnades superposées, composées chacune de dix-sept colonnes fuselées, d'un seul morceau, très délicates, couronnées de leur chapiteau et d'un petit arc ogive, dont les retombées s'appuient sur des figures saillantes d'animaux chimériques en forme de gargouilles.

Les bandeaux ou frises qui partagent chaque étage présentent, dans leur développement, une suite d'animaux ailés, des lions, des griffons et autres de fort relief, placés à l'aplomb des colonnes, qui rappellent les triglifes de l'architecture antique, et dont les intervalles sont remplies de rinceaux et autres ornemens variés, mais presqu'entièrement ruinés, ainsi que les figures d'animaux, par la vétusté. Des contre-forts, dont la partie supérieure prend la forme d'une petite tourelle ronde en encorbellement, flanquent les deux angles de cette façade; ils sont terminés, ainsi que le massif, par un toit très applati, sur la droite duquel, vers le midi, s'élève une charpente en fer supportant la cloche et les figures mécaniques d'une horloge, devenue un monument célèbre de la vengeance que le duc Philippe-le-Hardi exerça sur les habitans de la ville de Courtrai en 1382 (1). Il est très peu probable que cette façade ait dû être surmontée de tours ou de flèches, comme l'affirme M. Noellat dans son *Guide du voyageur à Dijon*, dont la preuve n'est pas rigoureusement convaincante. Enfin le mérite et l'importance du portail de l'église de Notre-Dame de Dijon paraissent doublement confirmées en trouvant ce portail gravé et choisi comme exemple curieux dans le parallèle des édifices anciens et modernes de Durand et dans le cours d'architecture de Patte.

La brièveté de cette notice ne nous permet pas d'entrer ici dans tous les détails, nécessaires pour décrire exactement le reste de cet édifice;

---

(1) Les habitans de la ville de Courtrai, après la bataille de Rosebec, ayant refusé de rendre au roi de France les éperons dorés des chevaliers français tués sous ses murs en 1302, le vainqueur enleva de force ce trophée et fit mettre le feu à la ville. Le duc Philippe-le-Hardi, qui avait aussi à se plaindre, enleva l'horloge, qu'ils regardaient alors comme un chef-d'œuvre, *et le plus beau*, dit l'historien Froissart, *qu'on pust trouver de çà et de là murs*), ce qui pouvait être vrai dans un temps où ce genre de mécanisme n'avait pas atteint la perfection qu'il a eu depuis), le fit transporter à Dijon, où le maire Josset de la Halle le fit placer au-dessus du portail de Notre-Dame, ce qui coûta 100 liv., que le duc remboursa à la ville. Cette horloge, qui, par suite de diverses réparations successives, n'est plus intégralement la même et n'a guère conservé que sa cloche, était le second ouvrage de ce genre d'un nommé *Jacques Marc*, mécanicien flamand, d'où, par corruption, le peuple de Dijon a donné à cette machine, qui ne consiste plus qu'en deux figures d'homme et de femme qui frappent alternativement les heures sur la cloche, le nom de *Jaquemard*.

et nous ne pouvons donc qu'indiquer très succinctement que l'église de Notre-Dame, du même temps que celle de Saint-Bénigne, offre dans toute son étendue le même caractère, mais avec beaucoup plus d'élégance sans avoir moins de gravité, une distribution de lignes et des proportions plus heureuses, et ce qu'on appelle plus de mouvement, sans approcher des chefs-d'œuvre des 14ᵉ et 15ᵉ siècles, le chevet surtout, qui se groupe pyramidalement avec les branches du transept, et la belle tour qui le domine, et s'élève du milieu de l'église à la hauteur de deux cent quarante-quatre pieds, est de l'effet le plus pittoresque, et produit le plus agréable coup-d'œil de l'extrémité de la rue large qui y aboutit. Il en est de même de l'aspect général de la façade méridionale vue à quelque distance de la porte latérale, d'où l'on découvre une grande partie de l'église, et que l'artiste a choisi comme le plus propre à en donner ici par son dessin, l'idée la moins incomplète.

L'intérieur de l'église de Notre-Dame offre plus particulièrement lieu d'observer et d'étudier tout le talent dont l'artiste a fait preuve, tout l'artifice de la structure, l'heureuse exécution des colonnades qui règnent dans toute l'étendue des travées, cette harmonie entre toutes les parties, et cette construction *ingénieuse et hardie* des voûtes qui paraissent comme *suspendues et sans appuy* (1), dont furent, dit-on, si émerveillés le célèbre Vauban et surtout l'architecte Souflot, qui en fit exécuter une copie-modèle en bois (2). Aujourd'hui, avec des connaissances plus positives de l'architecture du moyen âge, et la science nouvellement acquise par l'étude approfondie des plans, des théories et des moyens d'exécution appliqués par les architectes de ces temps-là, et qui diffèrent essentiellement des principes reçus pour l'architecture antique comme pour celle de nos jours, il nous est permis de juger ce monument avec un enthousiasme moins naïf et tout en rendant justice

---

(1) Le Guide du voyageur à Dijon, pag. 68, 70 et 71. — Description historique du duché de Bourgogne, tom. 2, pag. 198, etc.

(2) On fait dire à M. de Vauban qu'il n'avait rien vu de si beau que ce temple, et qu'il ne manquait qu'une boîte pour le conserver.

Nous ignorons ce qu'est devenu ce modèle, qui aurait été bien précieux à conserver s'il était fait avec soin et exactitude.

aux beautés réelles qu'il présente ; de ne pas, comme on l'a fait jusqu'à présent, admirer exclusivement de prétendus tours de force, toujours ingénieux sans doute, mais qui sont de l'essence même de cette sorte d'architecture, et cessent d'être extraordinaires pour ceux qui en ont étudié le secret, ou ont assez vu de ce genre d'édifices, pour qu'en les comparant ils ne fassent point comme ceux qui (pour me servir d'une expression vulgaire) ne s'imaginent pas qu'il puisse y avoir quelque chose de plus beau que le clocher de leur village.

Le plan géométral présente en général les mêmes lignes et la même forme que celui de Saint-Bénigne. Les bas côtés ou collatéraux ne règnent point autour du chœur, et sont terminés par des petites absides polygones qui forment des chapelles. Le transept a la même disposition ; mais ici le chœur, renfermé dans l'abside principale, n'anticipe pas sur cette partie, et en laisse l'étendue entièrement libre. Les dimensions principales de l'église de Notre-Dame sont de cent quarante-deux pieds de longueur, non compris le porche, cinquante-trois de largeur et cinquante-six de hauteur dans œuvre. M. Noellat nous affirme que les deux verrières rondes ou grandes roses aux deux extrémités du transept étaient autrefois en *découpures d'une délicatesse admirable*; mais qu'elles furent brisées par un coup de vent. Il n'en reste plus aucune trace.

On doit remarquer, au nombre des monumens qui décorent l'intérieur de Notre-Dame, le groupe de l'assomption de la Vierge au fond du chœur, en pierre de tonnerre, regardé comme le chef-d'œuvre du sculpteur Dubois; le maître-autel et les bas-reliefs du cœur, par le même ; le buffet-d'orgue, d'une composition et d'une exécution charmantes dans le style de la renaissance; quelques tableaux par Revel; l'épitaphe enrichie de sculpture, du vénérable pasteur Jean Vétu, mort en 1820, et enfin la statue *miraculeuse* de Notre-Dame de Bon espoir, dans une des chapelles de la croisée, morceau fort curieux et non moins rare de la sculpture du 11ᵉ siècle (1).

---

(1) Cette image est en bois fort rembruni par le temps et grossièrement sculptée : la tête, entièrement noire, pourrait être en ébène, le menton est pointu et les yeux très-saillans. Sur sa tête est

Les maires de Dijon avaient coutume, à leur installation, de venir prêter serment dans cette église; et ce fut dans l'une de ses chapelles que Pierre de Beaufremont, comte de Charni, et les douze chevaliers, qui avaient tenu avec lui le pas d'armes de Marsannay, en 1443, vinrent offrir et déposer leur écu et leur lance, où on les voyait encore suspendus dans la chapelle de la Vierge avant la révolution (1). Plusieurs curés, recommandables par leur science, leurs travaux littéraires et apostoliques, leur piété et leurs vertus, sont en vénération dans l'histoire de la paroisse de Notre-Dame, et les habitans ont particulièrement conservé la mémoire de Thomas Chaudot, Jacques Genreau, Louis Canelet et Joseph Gaudrillet, ce dernier, en 1755, publia en un vol. in-18 l'histoire de cette église sous le titre d'*Histoire de Notre-Dame de Bon espoir*, ouvrage assez rare à trouver aujourd'hui.

---

une espèce de bandeau où l'on remarque trois cavités, probablement remplies jadis par des pierres précieuses, et une couronne sans fleuron. Enfin, les bords de son manteau sont dorés et sa robe parsemée de larges mouches. Il paraît très-probable que cette figure date de la fondation de l'église au 11e siècle; elle fut long-temps placée dans une chapelle particulière, voûtée et construite au sud du transept de vingt pieds d'élévation. Une foule de luminaires, de cierges et de flambeaux brûlaient jour et nuit, et garnissaient une galerie qui régnait autour de cette chapelle, dont l'extérieur et l'intérieur étaient remplis de tableaux votifs, de jambes, de bras, de pieds de cire, d'argent, de bois; des béquilles de toutes espèces, des boucliers, des épées, des étendards, appendus aux murs comme monumens de reconnaissance des héros, des ducs et des fidèles qui avaient obtenu des grâces ou des guérisons miraculeuses.

(1) Voyez l'histoire et la description de ce tournoi, célèbre par toute l'Europe, dans les mémoires d'Olivier de la Marche, liv. 1er, chap. 9, et dans le Traité des carrousels du père Menetrier, in-4°. 1664.

Cathédrale de Dijon.

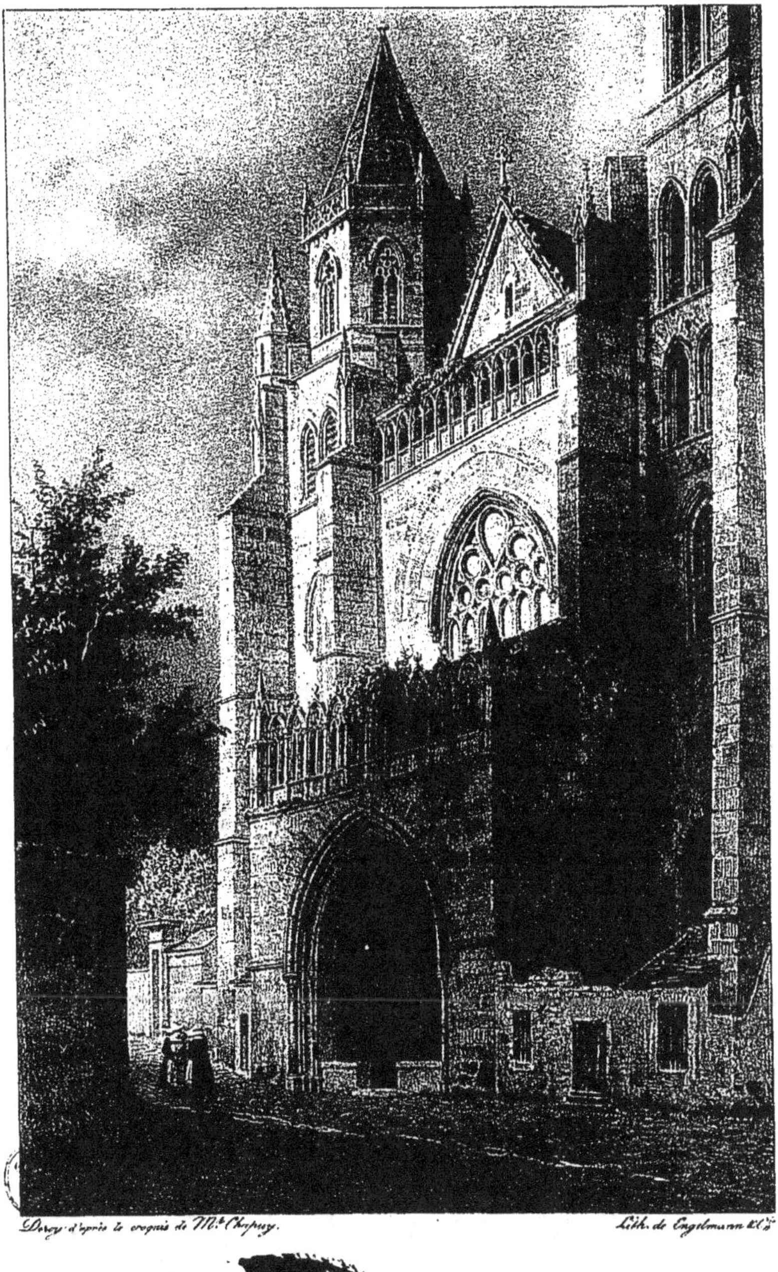

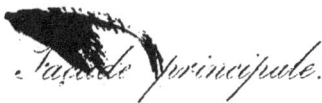

Façade principale.

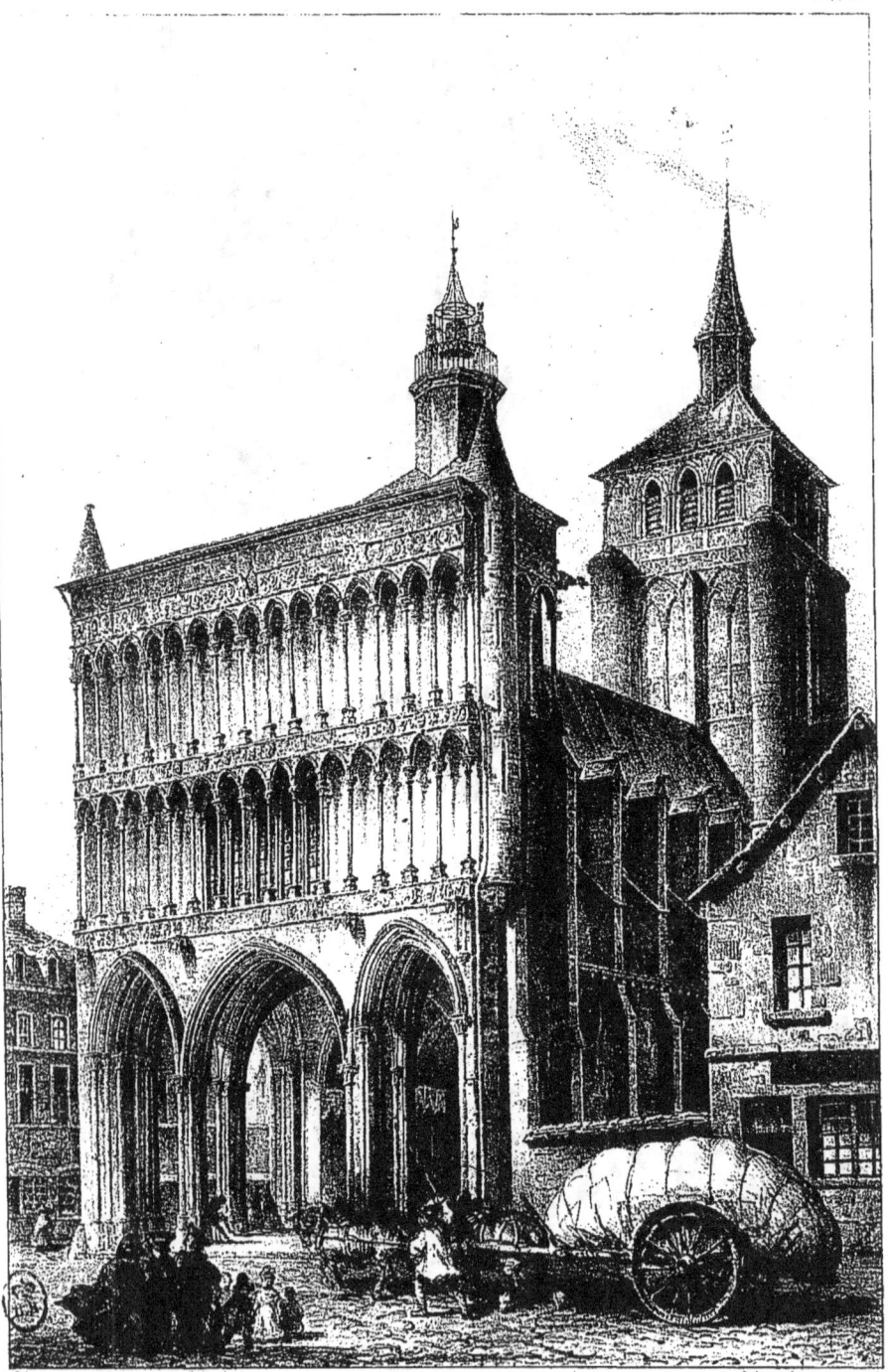

Façade principale

Église Notre Dame à Dijon.

Pl. 3.

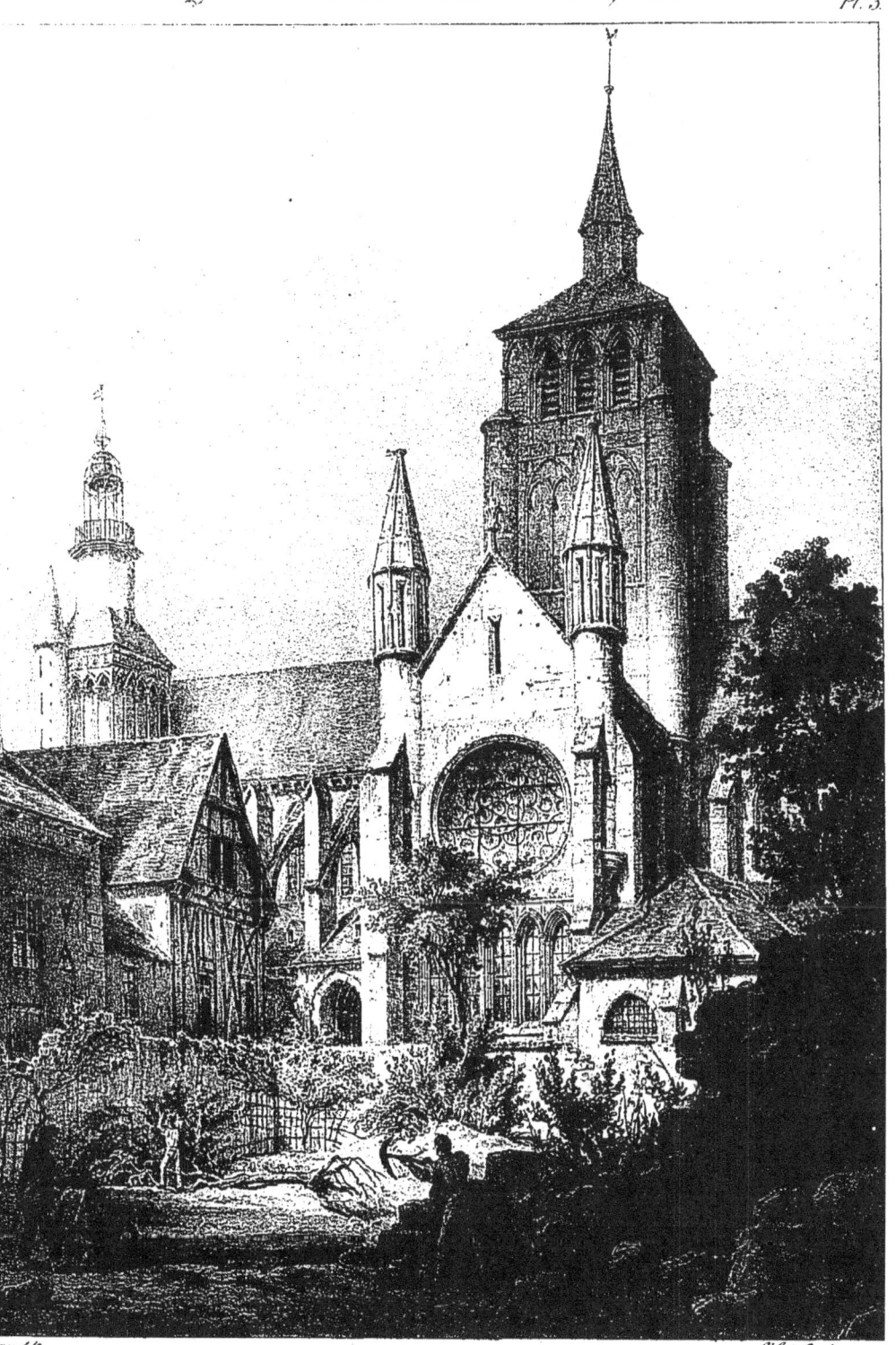

Vue latérale, côté méridional.

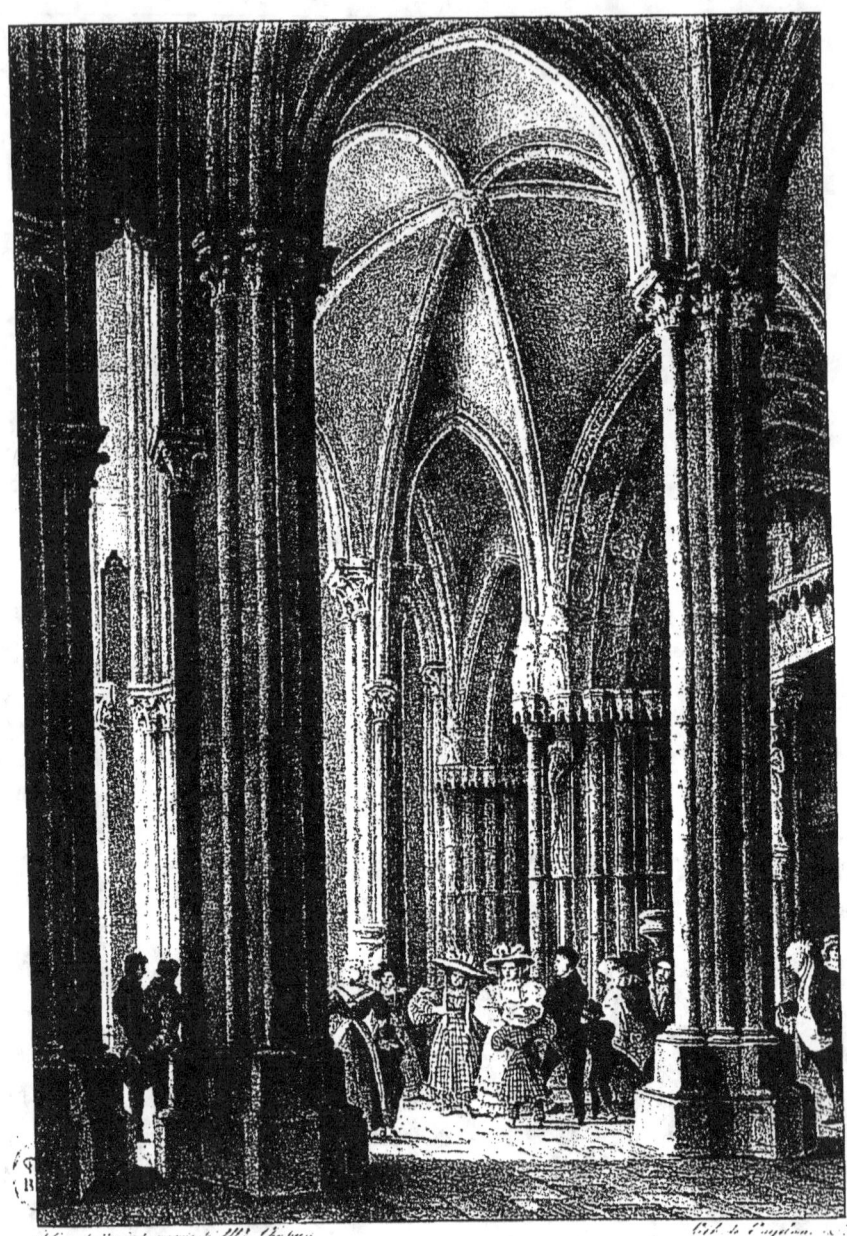

Intérieur du porche.

Église Notre Dame à Dijon.

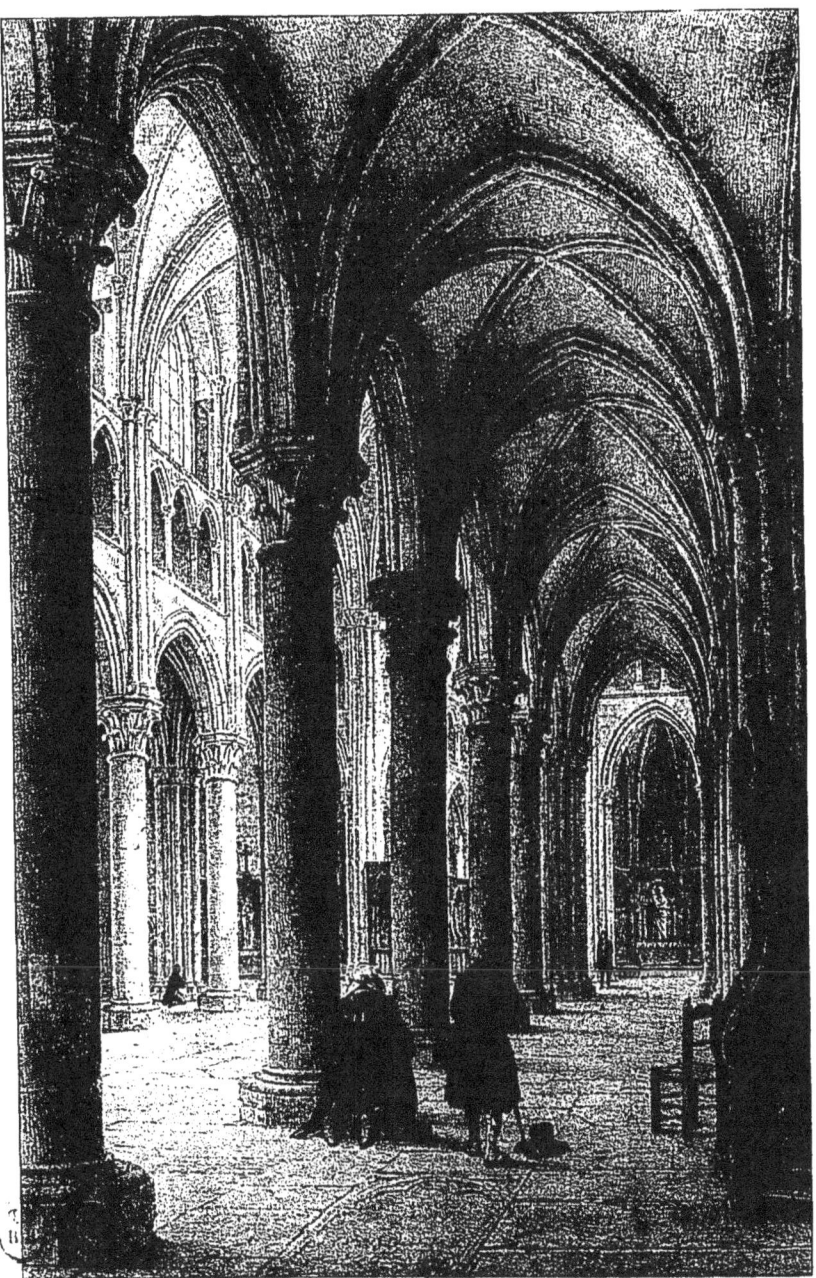

Vue des bas côtés et de la nef.

www.ingramcontent.com/pod-product-compliance
Lightning Source LLC
Chambersburg PA
CBHW030112230526
45471CB00003B/1374